PAPST FRANZISKUS

Freude ist *ein Geschenk*

PAPST FRANZISKUS

Freude ist *ein Geschenk*

Die schönsten
Texte und Bilder
des Papstes

Herausgegeben von
Simon Biallowons

HERDER

FREIBURG · BASEL · WIEN

Inhalt

»Ich bin ein armer Landpfarrer, der jeden einzelnen Menschen seiner Pfarrgemeinde kennt, der sie liebt, der ihre Schmerzen und ihre Freuden kennt, der mit ihnen zu leiden und zu lachen weiß.« Nein, dieses Zitat stammt nicht von Franziskus, auch wenn man das in einem Buch wie diesem vermuten könnte. Aber immerhin hat es der Papst zitiert und gleich noch erzählt, von wem der Satz wirklich ist: von Don Camillo nämlich. Warum aber zitiert das Oberhaupt der katholischen Kirche eine Romanfigur, die noch dazu mit einem ziemlichen trottligen Gegners zu tun hat? Nun, weil Franziskus Don Camillo durchaus als Vorbild sieht, für alle Priester und damit auch für sich, er sagt: »Ich finde es beeindruckend, wie in den Geschichten von Guareschi das Gebet eines guten Pfarrers sich mit offensichtlicher Volksnähe vereint. Volksnähe und Gebet sind der Schlüssel, um einen volksnahen, demütigen, großherzigen, frohen christlichen Humanismus zu leben.

Don Camillo als Vorbild des Papstes? Nun, wer die folgenden Seiten aufschlägt, dem dürfte das gar nicht mehr so abwegig erscheinen. Denn dort begegnet einem Franziskus wirklich als volksnaher Priester, als einer, der Menschen buchstäblich und im übertragenen Sinne berührt. Sogar noch mehr als Johannes

Paul II. ist er ein Heiliger Vater zum Anfassen, ein Hirte, der sich unter die Herde mischt. Wer schon einmal bei einer Generalaudienz war, weiß, wie viel Zeit sich Franziskus für kranke Menschen nimmt, die meistens rechts vorne sitzen, in mehreren Reihen. Zugleich sind seine rhetorische Spontanität, mit der er manchmal auch über das Ziel hinausstößt, und das gar nicht so selten, sehr wohl kalkuliert, sind seine anschauliche Sprache, ein wunderbarer Steinbruch für prächtige Stilblüten.

Neben den Stilblüten und Bildern sorgen besonders die zahlreichen Anekdoten dafür, dass Franziskus eine Beliebtheit genießt, die auch im vierten Jahr seines Pontifikats kaum geschwunden ist, wenn sie es überhaupt ist. Dem Gardisten, dem er erst einen Stuhl und dann ein Pausenbrot bringt. Den kranken Jungen, dem er eine Privataudienz gewährt. Die vielen Telefonanrufe, mit denen er Menschen tröstet: Nur einige dieser wunderbaren Geschichten haben hier Platz, doch sie reichen, um einen Eindruck davon zu vermitteln, wie Franziskus sein Amt ausübt. Unter anderem mit einer beeindruckenden Herzlichkeit, im wahrsten Sinne des Wortes.

Dass Mitarbeiter erzählen, dass dieser Papst durchaus streng sein kann, sehr streng sogar, dass er eben nicht nur lächelt und lacht, passt zu dem, was er selbst von sich erzählt und was zum Beispiel bei einem Besuch in Mexiko deutlich wurde. Franziskus kann auch sauer werden und bei manchen Entscheidungen knallhart sein – das sollte man nicht unterschätzen.

Gerade das betont Franziskus immer wieder und es ist ihm Ernst damit: Nicht dass er natürlich auch mal auf den Tisch hauen kann. Nein, dass all das Facetten seiner Persönlichkeit sind, weil er eben nicht groß anders ist, als wir. Weil er ein Mensch ist. Solche Aussagen sind schnell nichts mehr als Floskeln. Was sollte er auch sonst sein? Doch wie wichtig das für Franziskus ist, zeigt zum Beispiel eine scheinbare Kleinigkeit: die Wahl, nicht in den Apostolischen Palast einzuziehen, sondern im Gästehaus Santa Marta zu bleiben – welche Konsequenzen das haben kann, lesen Sie später. Und so sagt das viel über den »Menschen« Franziskus aus, wenn er erklärt: »Ich sehe mich nicht als einsamen Priester. Ich brauche Gemeinschaft. Ohne Menschen kann ich nicht leben. Ich muss mein Leben zusammen mit anderen leben.«

Zu versprechen, man könnte auf diesen Seiten die gesamte Persönlichkeit, den ganzen Menschen Franziskus kennenlernen, wäre maßlos übertrieben. Aber das Bild, das man durch die Anekdoten, Zitate und Fotos erzählt, ist doch eines, das viele Facetten zumindest anreißt. Das den Landpfarrer auf dem Stuhl Petri näherbringt. Und das vielleicht nicht nur dazu geeignet ist, ein wenig den »Franziskuseffekt«, den es in vielen Ländern gibt, begreifbar zu machen. Sondern hoffentlich auch dem Mann gerecht wird, der bald seinen 80. Geburtstag feiert. In diesem Sinne: herzlichen Glückwunsch! ¡Feliz cumpleaños!

Simon Biallowons
München, 16. Juli 2016

Der Papst und sein Gardist

Farbenprächtige Uniform, respekteinflößende Waffen und einen Arbeitsplatz, den die meisten nur von außen und mit bewundernden Blicken kennen: Mitglieder der Schweizer Garde haben einen Traumjob, oder? Naja, dass der Dienst in der Privattruppe des Papstes eine große Ehre und eine unvergleichliche Erfahrung ist, das ist ja unbestritten. Aber manchmal kann der Gardedienst auch sehr zäh und wenig ereignisreich sein. Und trotzdem darf man nicht abschalten und muss immer wach und im wahrsten Sinne des Wortes auf der Hut bleiben – vor allem, wenn der Papst Franziskus heißt und seinem Ruf als Spontifex mal wieder alle Ehre macht. So wie in dieser Anekdote, die direkt nach der Wahl erzählt wurde: Franziskus hat ja bekanntlich keine Lust auf das päpstliche Appartement im Apostolischen Palast. Statt dessen blieb er im Gästehaus Santa Marta, in dem die Kardinäle während des Konklaves, das er als Erzbischof von Buenos Aires betreten und als Papst und Bischof von Rom verlassen hat, gewohnt hatten. Er wolle lieber unter Menschen sein, habe Angst, dass ihn die Abgeschiedenheit und Isolation der herrschaftlichen Gemächer im Apostolischen Palast bedrücken oder gar verändern würden: »Ohne Menschen kann ich nicht leben. Ich muss mein Leben zusammen mit anderen leben.«

Deshalb also Gästehaus. Seitdem kann es schon einmal vorkommen, dass man den Heiligen Vater dort im Aufzug trifft oder beim Kaffeeholen. Franziskus legt wenig, nein, gar keinen Wert auf Sonderbehandlung – gut, so ganz ohne Extra geht es dann doch nicht, immerhin ist er das Oberhaupt von 1,2 Milliarden Gläubigen weltweit. Dazu gehört, dass man auch etwas besser auf ihn Acht gibt, was bei seinen spontanen und überraschenden Einfällen nicht ganz einfach ist. Jedenfalls bringt Franziskus seine Mitarbeiter und Bodyguards immer wieder gehörig ins Schwitzen, vor allem bei Reisen. In Santa Marta wiederum gehören nun die farbenprächtigen Uniformen der Schweizer Gardisten zum gewohnten Bild, denn die Leibgarde des Papstes will ihren Chef so ganz alleine nicht lassen. Deshalb ist auch immer mindestens einer der Gardisten vor dem Zimmer des Papstes postiert. So auch ein Solothurner Gardist, gerade fertig mit der Ausbildung und damit jung und neu in dem prestigeträchtigen Job. Er steht da also, wie immer stramm und aufmerksam, und weiß Franziskus in seinem Zimmer. Bis plötzlich die Türe aufgeht und eben dieser Franziskus rauskommt. Empfang? Arbeitstreffen? Oder doch Kaffeeholen? Nein, das Oberhaupt der Katholischen Kirche will nur eines: wissen, ob der junge Mann sich nicht doch einmal kurz setzen wolle.

Er habe da auch einen Stuhl, gar kein Problem. »Warum setzen Sie sich nicht? Für diese Aufgabe müssen Sie doch nicht die ganze Zeit stehen bleiben«, soll er gesagt haben.

Tja, blöde Situation. Natürlich steht in den Dienstanweisungen des jungen Gardisten nichts von einem kleinen Päuschen auf einem Stuhl. Andererseits hat genau so einen der Papst aus seinem Zimmer geholt, und er schließlich ist der Oberboss. Es kommt zum Dialog, denn der Gardist antwortet:

»Mein Chef hat mir befohlen zu stehen.«

»Aber ich bin der Papst ... Also, setzen Sie sich ruhig.«

Keine Widerrede. Der junge Mann setzt sich, Franziskus geht in sein Zimmer zurück.

Nach einigen Minuten öffnet sich wieder die Tür, und wieder kommt der Papst heraus – und wieder steht der Gardist stramm. Da sagt Franziskus, mit einem breiten Lächeln im Gesicht: »Bitte setzen! Andernfalls muss ich das wirklich befehlen!«

Ach, übrigens: Der Gardist durfte seine Pause wirklich genießen. Es gab nämlich noch ein Panino, ein Pausenbrot.

Ich sehe mich nicht als einsamen Priester. Ich brauche Gemeinschaft. Und das wird aus der Tatsache verständlich, dass ich hier in Santa Marta wohne: Als ich in das Haus einzog, wurde mir per Los das Zimmer 207 zugeteilt. Das Zimmer, in dem wir uns jetzt befinden, war ein Gästezimmer. Ich habe mich entschieden, hier, im Zimmer 201, zu wohnen, weil ich, als ich die päpstliche Wohnung in Besitz nahm, in mir ein deutliches »Nein« spürte. Das päpstliche Appartement im Apostolischen Palast ist nicht luxuriös. Es ist alt, geschmackvoll eingerichtet und groß, nicht luxuriös. Aber letztendlich gleicht es einem umgekehrten Trichter. Es ist groß und geräumig, aber der Eingang ist wirklich schmal. Man tritt tropfenweise ein. Das ist nichts für mich. Ohne Menschen kann ich nicht leben. Ich muss mein Leben zusammen mit anderen leben.

INTERVIEW MIT DEN JESUITENZEITSCHRIFTEN, 25. SEPTEMBER 2013

Ich hatte die Angewohnheit, keine Auszeichnungen oder Doktorate anzunehmen; immer schon, nicht aus Bescheidenheit, sondern weil mir diese Sachen nicht gefallen. Eine Marotte zu haben ist gut, und es gefällt mir eben nicht. Aber in diesem Fall wurde ich – ich sage nicht »gezwungen, sondern – »überzeugt« von der heiligen und theologischen Dickköpfigkeit eines Kardinal Kaspers, der von Aachen dazu ausgewählt wurde, mich zu überzeugen! Und ich sagte dann: »Ja, aber im Vatikan.« Ich habe das gesagt, und ich biete den Preis für Europa dar: dass er eine Mit-Auszeichnung sei, ein Preis, damit Europa das machen kann, was ich in Straßburg als Wunsch ausgedrückt habe: dass Europa nicht die »Großmutter Europa«, sondern die »Mutter Europa« sein kann.

AUF DER PRESSEKONFERENZ AUF DEM FLUG, 17. FEBRUAR 2016

Seine Zärtlichkeit ist ein Zeichen der Liebe, die Gott denen vorbehält, die leiden und ausgeschlossen sind. Es gibt nicht nur das physische Leiden; heute ist eine der häufigsten Pathologien auch jene, die den Geist ergreift. Es ist ein Leiden, welches das Gemüt einbezieht und es traurig stimmt, weil ihm die Liebe fehlt. Die Pathologie der Traurigkeit. Wenn man in den wichtigen Beziehungen enttäuscht oder verraten wird, dann entdeckt man, dass man verwundbar, schwach und wehrlos ist. Dann wird die Versuchung, sich in sich selbst zu verschließen, sehr stark, und man läuft Gefahr, die Gelegenheit des Lebens zu verpassen: trotz allem zu lieben – trotz allem zu lieben!

PREDIGT, 12. JUNI 2016

Wenn der Heilige Vater sauer wird

Für die meisten Menschen und Medien ist Franziskus in erster Linie eine liebenswürdige und offene Person. Das liegt an seiner herzlichen und unkomplizierten Art, die ihn auf das Cover des *Time Magazine* als Person des Jahres und in die Herzen vieler Menschen gebracht hat. Manche scheinen dabei aber erstens zu vergessen, dass er bei aller Volksnähe weiter Papst, also Oberhaupt der katholischen Kirche und Stellvertreter Christi, bleibt. Oder, noch schlimmer: Sie vergessen, dass auch ein Papst zum Anfassen keine Statue oder ein Talisman ist, den man einfach so herumreicht. Und: Papst Franziskus mag viel Geduld und Freundlichkeit besitzen. Alles gefallen lässt er sich trotzdem nicht.

Viele Mitarbeiter berichten, dass Franziskus durchaus streng und bestimmt ist, wenn es um Pläne oder Aufgaben gibt. Seinen Führungsstil hat er selbst einmal so beschrieben. Dass er aber auch davon abgesehen und in der Öffentlichkeit nicht nur sehr entschieden, sondern sogar sauer werden kann, das konnte man bei seinem Besuch in Mexiko sehen: Im vergangenen Februar war der Heilige Vater dorthin gereist, die Aufregung und der Trubel um ihn sind selbst für einen Papstbesuch immens. So immens, dass manche Schaulustigen offensichtlich jeglichen Anstand und jegliches Taktgefühl verlieren. Franziskus ist gerade im Sportstadion in Morelia bei seiner obligatorischen Hände schütteln-Leute segnen-Dauerlächeln-Runde unterwegs, als einer seiner Fans, ein junger Mann, aus der zweiten Reihe heraus nach seiner Hand greift. Er berührt sie, doch lässt nicht mehr los. Stattdessen zieht er wie ein Berserker, der Papst verliert das Gleichgewicht und kippt vornüber auf ein behindertes Kind in der ersten Reihe. Die Aufregung ist groß und die Leibwache sofort da, so eine Szene ist schließlich der Albtraum jedes Personenschützers. Passiert ist zwar nichts, aber Franziskus will das so nicht stehen lassen: Er fixiert den Fan, der Blick zornig, ja wütend, und fängt an zu schimpfen. Alles hören kann man auf dem Video davon nicht. Aber die Medien berichten später, Franziskus habe auf Spanisch Folgendes gesagt: »No seas egoísta. Qué te pasó, no seas egoísta« – »Sei nicht egoistisch. Was ist los mit dir? Sei nicht egoistisch!«

Ja, ich werde zornig, aber ich beiße nicht! Manchmal werde ich zornig, wenn jemand etwas tut, was nicht in Ordnung ist. Aber es hilft mir, innezuhalten und an die Zeiten zu denken, in denen ich andere zornig gemacht habe. Und ich denke nach und frage mich: Habe ich jemand anderen zornig gemacht? Nun ja, sehr oft. Dann hast du kein Recht, zornig zu sein. Wenn man zornig wird, tut man nicht nur dem anderen Menschen weh: Es tut dir selbst weh, es vergiftet dich selbst. Und es gibt Menschen, die ihr sicher kennt, die eine bittere Seele haben, stets voll Bitterkeit, die zornig leben. Sie scheinen sich jeden Morgen die Zähne mit Essig zu putzen, so zornig sind sie!

ANSPRACHE, 31. DEZEMBER 2015

Vor mir selbst! (Auf die Frage, wovor er Angst habe, Anm. d. Hg.) Im Evangelium sagt Jesus immer wieder: »Habt keine Angst! Habt keine Angst!« Wir haben Angst vor dem Leben, wir haben Angst vor den Herausforderungen, wir haben Angst vor Gott... Du brauchst dir keine Sorgen darüber zu machen, dass du Angst hast. Du musst das spüren, aber keine Angst haben und dann überlegen: »Warum habe ich Angst?« Und vor Gott und vor dir selbst versuchen, die Situation zu klären oder einen anderen um Hilfe bitten. Die Angst ist keine gute Ratgeberin, weil sie dich schlecht berät. Sie drängt dich auf einen Weg, der nicht der richtige ist. Daher sagte Jesus oft: »Habt keine Angst! Habt keine Angst!« Außerdem müssen wir uns selbst kennenlernen, alle: Jeder muss sich selbst kennenlernen und versuchen herauszufinden, in welchem Bereich wir am meisten Fehler machen können, und vor diesem Bereich etwas Angst haben. Denn es gibt die schlechte Angst und die gute Angst. Die gute Angst ist wie die Klugheit. Sie ist eine kluge Haltung: »Schau, du bist in dem und dem und dem Bereich schwach, sei klug und komm nicht zu Fall.« Die schlechte Angst ist die, von der du sagst, dass sie dich etwas zunichtemacht. Diese Angst ist schlecht und muss vertrieben werden.

GESPRÄCH MIT JUGENDLICHEN AUS BELGIEN, 31. MÄRZ 2014

Franziskus begleicht eine alte Rechnung

Geht man als Kardinal in ein Konklave und kommt danach als Papst wieder heraus, dann ändert sich so einiges. Zuerst einmal der Name und dann noch viel, viel mehr. Die Aufgaben sind plötzlich ganz andere, und jeder will etwas von einem. Man kann sich vor Audienzanfragen gar nicht mehr retten und vor Gastgeschenken auch nicht. Das könnte man natürlich gut ausnutzen und die Teppiche und Bücher und sonstigen Präsente für sich behalten. Macht man aber nicht, zumindest nicht als Papst. Franziskus ging dabei sogar noch weiter, zumindest machte er es öffentlich: Um zu zeigen, dass er als Pontifex jetzt nicht einfach Dinge für selbstverständlich erachtet, machte er sich kurz nach seiner Wahl auf zum Domus Internationalis Paulus VI. Das ist ein Hotel, Franziskus hatte hier vor Konklavebeginn gewohnt. Danach war er erst einmal nicht mehr zurückgekehrt, das ist ja den wahlberechtigten Kardinälen auch verboten, und hatte deshalb auch seine Rechnung noch nicht bezahlt. Das wollte er so nicht stehen lassen, und so erlebte ein ziemlich verdutzter Hotelier einen Papst, der höchstpersönlich vorbeikam, um sein Gepäck zu holen und die Rechnung zu bezahlen. Kommentar eines Vatikanangestellten dazu: »Der Heilige Vater hatte sein Gepäck im Hotel gelassen und wollte es abholen. Dort entschied er sich, die Rechnung selbst zu zahlen. Er wollte ein gutes Beispiel für andere Priester und Bischöfe abgeben.« Hoffen wir, es hat geklappt. Das Beste an der Geschichte übrigens: Das Hotel ist in kirchlichem Besitz – soll jetzt nur keiner sagen, Franziskus habe also letztendlich bei sich selbst bezahlt.

Die meisten von euch lieben den Sport. Liebe Jungen und Mädchen, seid die Hauptdarsteller! Spielt im Sturm! Baut eine bessere Welt auf, eine Welt von Brüdern und Schwestern, eine Welt der Gerechtigkeit, der Liebe, des Friedens, der Brüderlichkeit, der Solidarität! Der heilige Petrus sagt uns, dass wir lebendige Steine sind, die einen geistlichen Bau bilden (vgl. 1 Petr 2,5). Jesus bittet uns, dass seine lebendige Kirche so groß sei, dass sie die ganze Menschheit aufnehmen kann, dass sie ein Haus für alle sei! Er sagt zu mir, zu dir, zu jedem: »Geht und macht alle Völker zu Jüngern.« Diesen Abend wollen wir ihm antworten: Ja, Herr, auch ich will ein lebendiger Stein sein. Ich will hinausgehen, um ein Erbauer der Kirche Christi zu sein! Und wo sollen wir beginnen? Wen fragen wir, um dieses zu beginnen? Wo fangen wir an? Bei dir und bei mir!

ANSPRACHE, 27. JULI 2013

Heute sind wir so beschäftigt, mit vielen Problemen, von denen einige gar nicht so wichtig sind, dass es zu Lasten unserer Fähigkeit geht, zuzuhören. Ich möchte euch eine Frage stellen: Ehemann, hast du Zeit, deiner Frau zuzuhören? Frau, hast du Zeit, deinem Mann zuzuhören? Mann und Frau, habt ihr Zeit, euren Kindern zuzuhören? Den Großeltern? Den Alten? Ich bitte euch, zu lernen, zuzuhören und ihnen mehr Zeit zu widmen. In der Fähigkeit des Zuhörens steckt die Wurzel für Frieden.

ANGELUS, 17. JULI 2016

Das Glück, das jeder sich wünscht, kann im Übrigen in vielen Formen seinen Ausdruck finden und kann nur erreicht werden, wenn wir fähig sind zu lieben. Das ist der Weg. Es ist immer eine Frage der Liebe; einen anderen Weg gibt es nicht. Die wahre Herausforderung ist die, mehr zu lieben. Wie viele behinderte und leidende Menschen öffnen sich wieder dem Leben, sobald sie entdecken, dass sie geliebt werden! Und wie viel Liebe kann aus einem Herzen entspringen, auch nur für ein Lächeln!

PREDIGT, 12. JUNI 2016

Franziskus,
der Dieb

Der Heilige Vater hat schon einmal geklaut. Ja, Sie haben richtig gehört: Franziskus hat etwas gestohlen und es sogar selbst zugegeben. Hier die ganze Geschichte.

Es geht darin um zwei Personen: Um Papst Franziskus, als er aber noch Mario Bergoglio und Weihbischof von Buenos Aires war. Und um Pater José Ramón Aristi. Der war ein beliebter Beichtvater in Buenos Aires, Priester wie Laien kamen zu ihm. Dementsprechend groß ist die Trauer, als der Pater am Karsamstag 1996 verstirbt. Auch Mario Bergoglio trauert, hatte er den Pater doch gut gekannt und sehr gemocht. Am Tag nach seinem Tod, am Ostersonntag also, geht Bergoglio in die Krypta, in der Ramóns Sarg steht, um Abschied zu nehmen. Dort angekommen, verharrt er erst im Gebet, um dann zu bemerken, dass bei dem Sarg keine Blumen sind. Keine einzige. Also steigt Bergoglio wieder hinauf in die Kirche, verlässt sie und marschiert schnurstracks zu einem Blumenhändler, um Blumen zu besorgen. Wieder zurück in der Krypta fällt ihm plötzlich ein Rosenkranz in den Händen des Verstorbenen auf. Ein Rosenkranz, den Bergoglio vorher schon oft gesehen hatte. Es ist der Rosenkranz, den Pater Ramón den Menschen, denen er die Beichte abnahm, immer anschließend gereicht hatte, damit sie das kleine Kreuz küssen konnten. Mit der Zeit war dieses Kreuz wie ein Symbol geworden, Symbol für Barmherzigkeit und Vergebung, aber auch für Reue und Buße. Und nun hängt es dort, dieses Kreuz-Symbol, um die Hände des aufgebahrten Paters gewunden. Was macht also der heutige Papst? Das Kreuz vom Rosenkranz ab und steckt es ein. Einfach so. Stimmt, nicht ganz einfach so: Er habe dabei den verstorbenen Pater um die Hälfte seiner Barmherzigkeit gebeten. Immerhin.

Das Kreuz des José Ramón Aristi ist seit diesem Ostersonntag im Jahr 1996 ein treuer Begleiter für den heutigen Papst, er trägt es immer bei sich. Und: »Wenn ich einen bösen Gedanken über einen anderen Menschen hege, lege ich die Hand auf dieses Kreuz. Denn: Es tut mir gut.«

Man kann also schlicht und einfach hinnehmen, dass wir alle eine vielschichtige Kombination aus Licht und Schatten sind. Der andere ist nicht nur das, was mir lästig ist. Er ist viel mehr als das. Aus demselben Grund verlange ich nicht von ihm, dass seine Liebe vollkommen sein muss, damit ich ihn wertschätze. Er liebt mich wie er ist und wie er kann, mit seinen Grenzen, doch dass seine Liebe unvollkommen ist, bedeutet nicht, dass sie geheuchelt oder nicht echt ist. Sie ist echt, aber begrenzt und irdisch. Darum wird er, wenn ich allzu viel von ihm verlange, mir das in irgendeiner Weise zu verstehen geben, da er nicht imstande sein noch akzeptieren wird, die Rolle eines göttlichen Wesens zu spielen, noch allen meinen Bedürfnissen zu Dienste zu sein. Die Liebe lebt mit der Unvollkommenheit, mit dem Entschuldigungsgrund zusammen und weiß angesichts der Grenzen der geliebten Person das Schweigen zu wahren.

NACHSYNODALES APOSTOLISCHES SCHREIBEN AMORIS LAETITIA

Die Alpinisten haben ein sehr schönes Lied, das ich den jungen Menschen gerne wiederhole. Während sie aufsteigen, singen sie: »In der Kunst des Aufstiegs liegt der Sieg, nicht darin, nicht zu fallen, sondern darin, nicht liegen zu bleiben.« Das ist die Kunst. Und wer ist der Einzige, der deine Hand ergreifen kann, damit du nicht liegen bleibst? Jesus Christus, er allein. Jesus Christus, der dir manchmal einen Bruder oder eine Schwester schickt, damit er mit dir spricht und dir hilft. Verstecke nicht deine Hand, wenn du gefallen bist; sag ihm oder ihr nicht: »Schau mich nicht an, ich bin mit Schlamm beschmiert. Schau mich nicht an, denn für mich gibt es kein Heilmittel mehr.« Lass nur deine Hand ergreifen und klammere dich an diese Hand, und der Reichtum, den du in dir hast – beschmutzt, verschlammt, verloren geglaubt –, beginnt, durch die Hoffnung seine Frucht zu bringen. Erlaubt euch nicht, liegen zu bleiben!

ANSPRACHE, 16. FEBRUAR 2016

Der
Barmherzige
Vater

Es ist jetzt wirklich schon viel über das Heilige Jahr der Barmherzigkeit geschrieben worden. Ja, auch das Wortspiel mit dem Barmherzigen Vater und Franziskus ist nicht neu, stimmt schon. Doch manchmal kann man nicht anders, als es zu verwenden. Zum Beispiel dann, wenn es um einen Spontanbesuch von Franziskus in einem Altenheim geht. Der Besuch war das erste »Werk der Barmherzigkeit« – der Papst hatte vorab angekündigt, in eben diesem Heiligen Jahr einmal im Monat solch ein Werk durchzuführen. Und damit beginnen wollte er in einem Alten- und Pflegeheim in Torre Spaccata, am Stadtrand von Rom.

Für die Bewohner des Altenheims – und einer weiteren Einrichtung für Wachkomapatienten, die Franziskus auch noch besuchte – ist es eine große Überraschung und eine unglaubliche Freude, als im Januar diesen Jahres der Papst zu ihnen kommt. Begleitet wird er von Erzbischof Rino Fisichella, Chef-Organisator des Heiligen Jahres. Die meisten von ihnen sind völlig überwältigt davon, dass Franziskus an so einem »Venerdì della misericordia«, an einem »Freitag der Barmherzigkeit«, ausgerechnet ihre beiden Einrichtungen ausgewählt hat. Dort hört Franziskus vor allem zu, lässt sich von den Sorgen und Nöten der Menschen erzählen, dann tröstet und ermutigt er.

»Was mich am meisten berührt hat, ist sein Lächeln für all diese Leute. Auf diese Weise hat er noch einmal deutlich gemacht, dass er wirklich das Leiden von allen auf seinen Schultern trägt«, sagt nachher Lucio Zappatore, Kameliterpater und Pfarrer der Kirche von Torre Spaccata, der »Chiesa di Santa Maria Regina Mundi«.

Zu diesem Besuch, der vorher in der Öffentlichkeit nicht angekündigt war, passt wunderbar ein Zitat von Franziskus, das er in Ostia vor Senioren von sich gegeben hatte: »Betet für mich, ich bin selbst ein bisschen alt und krank, aber noch nicht allzu sehr, oder?«

Jesus ist nicht gekommen, um uns gutes Benehmen, das Benehmen der feinen Gesellschaft zu lehren! Dazu brauchte er nicht vom Himmel herabzusteigen und am Kreuz zu sterben. Christus ist gekommen, um uns zu retten, um uns den Weg, den einzigen Ausweg aus dem Fließsand der Sünde zu zeigen, und dieser Weg der Heiligkeit ist die Barmherzigkeit, dieser Weg, den er gegangen ist und den er jeden Tag mit uns geht. Heilig zu sein, ist kein Luxus, es ist notwendig für das Heil der Welt. Das ist es, was der Herr von uns verlangt.

PREDIGT, 23. FEBRUAR 2014

Gott
der Über-
raschungen

Mit Franziskus wird es nicht langweilig. Der Papst ist ein Meister der Überraschung, wieder und wieder. Die einen nennen als Grund Sprunghaftigkeit, mangelnde Ernsthaftigkeit oder gar fehlendes Amtsbewusstsein. Doch um diese Dauernörgler soll es hier gar nicht gehen. Sondern eher darum, dass Franziskus selbst – bei allem Temperament und Liebe zur Spontanität – einen spirituellen Grund angibt. Vielleicht nicht für jede seiner einzelnen Aktionen, Gesten oder Worte. Aber doch für seine Offenheit für die Überraschung – vor allem für die Überraschung des Lebens: »Heute wollen wir alle uns fragen, ob wir Angst haben vor dem, was Gott von uns verlangen könnte, oder vor dem, was er von uns verlangt. Lasse ich mich von Gott überraschen wie Maria, oder verschließe ich mich in meinen Sicherheiten, in meinen Plänen? Lasse ich Gott wirklich in mein Leben eintreten? Wie antworte ich ihm?« Und Franziskus warnt vor der feindlichen Erstarrung und sagt darüber: »Das ist der Wunsch, sich im Geschriebenen einzuschließen und sich nicht von Gott überraschen lassen zu wollen, vom Gott der Überraschungen, dem Geist. Im Gesetz einschließen, in der Sicherheit dessen, was wir wissen, und nicht dessen, was wir noch lernen und erreichen müssen. Das ist die Versuchung der Eifrigen, der Skrupulösen, der sogenannten ›Traditionalisten‹ und auch der Intellektualisten.« Der Gott, den Franziskus vor Augen hat, der ist der »Gott der Überraschungen«.

Das Alter ist in besonderer Weise eine Zeit der Gnade, in der der Herr uns seinen Ruf erneuert: Er beruft uns dazu, den Glauben zu bewahren und weiterzugeben, er beruft uns zu beten, speziell im Fürbittgebet; er beruft uns, denen nahe zu sein, die es brauchen... Die Alten, die Großeltern besitzen eine Fähigkeit, die schwierigsten Situationen zu verstehen – eine bedeutende Fähigkeit! Und wenn sie für diese Situationen beten, ist ihr Gebet stark und machtvoll! Den Großeltern, denen der Segen zuteil geworden ist, die Kinder ihrer Kinder zu sehen (vgl. Ps 128,6), ist eine große Aufgabe anvertraut: die Lebenserfahrung, die Geschichte einer Familie, einer Gemeinschaft, eines Volkes weiterzugeben; in Einfachheit eine Weisheit mitzuteilen und den Glauben selbst, das kostbarste Erbe! Selig die Familien, welche die Großeltern in der Nähe haben! Der Großvater ist doppelter Vater, und die Großmutter ist doppelte Mutter. In jenen Ländern, in denen die Religionsverfolgung gewütet hat – ich denke zum Beispiel an Albanien, wo ich am vergangenen Sonntag war –, in jenen Ländern waren es die Großeltern, die die Kinder heimlich taufen ließen und ihnen den Glauben vermittelten. Ausgezeichnet! Sie waren mutig in der Verfolgung und haben in jenen Ländern den Glauben gerettet!

ANSPRACHE, 28. SEPTEMBER 2014

Erinnert ihr euch an eine Stelle im Evangelium, wo der Apostel Jakobus weinte? Erinnert sich jemand, oder nicht? – Nein. Und wo der Apostel Johannes weinte? – Nein. Und wo irgendein anderer Apostel weinte? – Von einem Einzigen sagt uns das Evangelium, dass er weinte: derjenige, der sich bewusst wurde, dass er ein Sünder war. Ein solcher Sünder war er, dass er seinen Herrn verleugnet hatte, und als ihm das bewusst wurde, weinte er… Später hat Jesus ihn zum Papst gemacht… Wer versteht Jesus? Es ist ein Geheimnis. Gebt niemals das Weinen auf! Weinen über die eigene Untreue, Weinen über den Schmerz der Welt, weinen über die Menschen, die »weggeworfen« werden, über die verlassenen Alten, über die ermordeten Kinder, über die Dinge, die wir nicht verstehen; weinen, wenn man uns fragt: »Warum?«

ANSPRACHE, 26. NOVEMBER 2015

Der Papst
mit Durch-
blick

Da hat Alessandro Spiezia aber große Augen gemacht. An diesem Abend Anfang September 2015, als plötzlich die Tür seines kleinen Ladens in der Via del Babuino aufging und ein Mann ganz in Weiß hereinkam. Nun ist Spiezia hochkarätigen Besuch gewöhnt, die Via del Babuino verbindet die Piazza del Popolo mit der Piazza di Spagna und ist dementsprechend eine beliebte Flanier- und Einkaufsstraße. Dass aber der Papst höchstpersönlich vorbeischaut, das ist dann selbst für einen weltgewandten Mann wie Spiezia etwas Besonderes.

Der Anlass wiederum, weshalb sich Franziskus überhaupt vom Vatikan aus in die Via del Babuino begeben hatte, war dagegen reichlich banal und pragmatisch: Der Heilige Vater war auf der Suche nach einer neuen Brille, er leidet ja an Altersweitsichtigkeit.

Eigentlich hatte Spiezia die Brille – neue Gläser ins alte Gestell – im Vatikan vorbeibringen wollen. Doch Franziskus habe seinen Mitarbeitern gesagt: »Ich will nicht, dass Spiezia hier herkommt, ich werde in die Via del Babuino gehen.« Und er habe tatsächlich darauf bestanden, nur die Gläser ausgetauscht zu bekommen und nicht gleich ein komplett neues Modell auszuprobieren. Und: Geschenkt wollte er die neuealte Brille nicht und auch keine Sonderkonditionen, das wäre ja noch schöner.

Knapp eine Stunde dauerte der hohe Besuch, Franziskus ließ sich gleich noch routinemäßig die Sehstärke messen. Für den Optiker Spiezia war der Test freilich alles andere als Routine, er habe Tränen in den Augen gehabt, erzählte er nachher. Für hunderte Einwohner und Touristen wiederum war das Ganze der unverhoffte Höhepunkt des Tage oder der Reise: Innerhalb von wenigen Minuten war die enge Straße vor dem Laden voll von Schaulustigen. Jeder wollte einen Blick auf den Papst erhaschen – mit oder ohne Brille.

Jesus war anders als die Lehrmeister seiner Zeit. Er hat zum Beispiel keine Schule zum Studium des Gesetzes eröffnet, sondern er wandert umher, um überall zu predigen und zu lehren: in den Synagogen, auf den Straßen, in den Häusern, immer unterwegs! Jesus ist auch anders als Johannes der Täufer, der vom bevorstehenden Gericht spricht, während Jesus die väterliche Vergebung Gottes verkündet. Und jetzt stellen wir uns vor, wie auch wir in die Synagoge von Nazaret eintreten, in die Synagoge des Ortes, wo Jesus bis zum Alter von etwa 30 Jahren aufgewachsen ist. Was dort geschieht, ist ein wichtiges Ereignis, das die Sendung Jesu umreißt. Er steht auf, um aus der Heiligen Schrift vorzulesen. Er schlägt das Buch des Propheten Jesaja auf und findet die Stelle, wo es heißt: »Der Geist des Herrn ruht auf mir; denn der Herr hat mich gesalbt. Er hat mich gesandt, damit ich den Armen eine gute Nachricht bringe« (Lk 4,18). Dann, nach einem Moment der Stille, in dem alle voller Erwartung sind, sagt er zur allgemeinen Verwunderung: »Heute hat sich das Schriftwort, das ihr eben gehört habt, erfüllt.«

ANGELUS, 24. JANUAR 2016

Wir sprechen von einer Haltung des Herzens, das alles mit gelassener Aufmerksamkeit erlebt; das versteht, jemandem gegenüber ganz da zu sein, ohne schon an das zu denken, was danach kommt; das sich jedem Moment widmet wie einem göttlichen Geschenk, das voll und ganz erlebt werden muss. Jesus lehrte uns diese Haltung, als er uns einlud, die Lilien des Feldes und die Vögel des Himmels zu betrachten, oder als er in der Gegenwart eines unruhigen Mannes diesen ansah und ihn liebte (vgl. Mk 10,21). Ja, er war jedem Menschen und jedem Geschöpf gegenüber ganz da, und so zeigte er uns einen Weg, die krankhafte Ängstlichkeit zu überwinden, die uns oberflächlich, aggressiv und zu hemmungslosen Konsumenten werden lässt. Ein Ausdruck dieser Haltung ist, vor und nach den Mahlzeiten innezuhalten, um Gott Dank zu sagen. Ich schlage vor, diese wertvolle Gewohnheit wieder aufzunehmen und sie mit Innigkeit zu leben. Dieser Moment des Segensspruchs erinnert uns, selbst wenn er ganz kurz ist, an unsere Abhängigkeit von Gott für unser Leben, unterstützt unser Empfinden der Dankbarkeit für die Gaben der Schöpfung, erkennt jene an, die mit ihrer Arbeit diese Güter besorgen, und stärkt die Solidarität mit denen, die am meisten bedürftig sind.

ENZYKLIKA LAUDATO SI

Die Liebe kann nicht auf ein Gefühl reduziert werden, das kommt und geht. Nur insofern sie auf Wahrheit gegründet ist, kann die Liebe in der Zeit fortbestehen, den flüchtigen Augenblick überstehen und unerschütterlich bleiben, um einen gemeinsamen Weg zu stützen. Wenn die Liebe keinen Bezug zur Wahrheit hat, ist sie den Gefühlen unterworfen und übersteht nicht die Prüfung der Zeit. Ohne Wahrheit kann die Liebe keine feste Bindung geben, vermag sie das Ich nicht über seine Isoliertheit hinauszuführen, noch es von dem flüchtigen Augenblick zu befreien, damit es das Leben aufbaut und Frucht bringt.

Wenn die Liebe der Wahrheit bedarf, so bedarf auch die Wahrheit der Liebe. Liebe und Wahrheit kann man nicht voneinander trennen. Ohne Liebe wird die Wahrheit kalt, unpersönlich und erdrückend für das konkrete Leben des Menschen. Die Wahrheit, die wir suchen, jene, die unseren Schritten Sinn verleiht, erleuchtet uns, wenn wir von der Liebe berührt sind. Wer liebt, begreift, dass die Liebe eine Erfahrung der Wahrheit ist, dass sie selbst unsere Augen öffnet, um die ganze Wirklichkeit in neuer Weise zu sehen, in Einheit mit dem geliebten Menschen.

ENZYKLIKA LUMEN FIDEI

Franziskus –
so gesten-
reich

Dass Franziskus sich nicht um Traditionen schert, wenn er sie für unnötig oder gar kontraproduktiv hält, das hat inzwischen vermutlich jeder mitgekriegt. Und nirgendwo wird das so deutlich am Gründonnerstag, bei der traditionellen »Messe vom letzten Abendmahl«. Seit der Argentinier auf den Stuhl Petri gewählt wurde, sind die berühmten Fußwaschungen Momente der berührenden Gesten und wichtigen Zeichen. Das ging bereits in seinem ersten Jahr los, als er damals in einem Jugendgefängnis nicht nur nicht Priestern, sondern Laien, auch noch Frauen und darunter gar einer Muslima die Füße wusch. Kritiker waren schnell gefunden, Beifallklatscher aber noch schneller und noch mehr und das zu recht: Es war eine Geste, die mehr aussagte als viele hochgelehrte Symposien zu interkulturellem oder interreligiösem Dialog, zu Barmherzigkeit und Nächstenliebe.

Auch in den Folgejahren scherte sich Franziskus wenig um das, was manche Kreise von ihm erwarteten. So auch in diesem Jahr an Gründonnerstag. Diesmal wusch der Papst elf Flüchtlingen – Frauen, Männer, darunter auch drei Muslime und ein Hindu – und einer Mitarbeiterin in einer Aufnahmeeinrichtung in der Kleinstadt Castelnuovo di Porto die Füße. Damit bewies Franziskus erneut, wie sehr ihn das Schicksal der Millionen Vertriebenen und Flüchtenden beschäftigt. Schon seine allererste Reise nach seiner Wahl zum Papst hatte er nach Lampedusa gemacht, sein Besuch auf der italienischen Flüchtlingsinsel war ein wunderbares Zeichen. In seiner Rede vor dem Europaparlament in Straßburg wetterte er: »Es ist nicht hinnehmbar, dass das Mittelmeer zu einem Massengrab wird.« Und vor kurzem besuchte Franziskus die Insel Lesbos, auf der im Lager Moria tausende Flüchtlinge festsitzen. Dort rief der Papst: »Um wirklich solidarisch zu sein mit denen, die gezwungen sind, aus ihrem Land zu fliehen, muss man sich engagieren, um die Ursachen dieser dramatischen Realität zu beseitigen: Es genügt nicht, sich darauf zu beschränken, dem augenblicklichen Notfall zu begegnen, sondern es müssen weitreichende und nicht einseitige politische Pläne entwickelt werden.«

Wirklich solidarisch, zumindest im Sinne eines kleinen Anfanges, zeigte sich der Vatikan mit seinem Chef auch: Drei muslimische Familien aus Syrien durften mit Franziskus die Insel verlassen, neun weitere Flüchtlinge wurden kurz danach ebenfalls ausgeflogen. Die Aktion ist sicherlich in erster Linie eine Geste – freilich nicht für die Menschen selbst, für sie ist es Befreiung und neue Hoffnung –, passt aber auch zu dem, was Franziskus bei der Abendmahlmesse im vergangenen März gesagt hatte: »Gesten sagen mehr als Bilder und Worte.« In diesem Sinne könnte man sagen, Papst Franziskus ist in vielerlei Hinsicht »gestenreich«.

Die Gestalt des Vaters im Gleichnis offenbart das Herz Gottes. Er ist der barmherzige Vater, der uns in Jesus über alle Maßen liebt, er erwartet immer unsere Umkehr, jedes Mal, wenn wir einen Fehler machen. Er erwartet unsere Rückkehr, wenn wir uns von ihm in der Meinung entfernen, ohne ihn auskommen zu können. Er ist immer bereit, seine Arme für uns auszubreiten, was auch immer geschehen mag. Wie der Vater im Evangelium betrachtet uns auch Gott weiter als seine Kinder, wenn wir uns verirrt haben, und er kommt uns voll Zärtlichkeit entgegen, wenn wir zu ihm zurückkehren. Die Fehler, die wir begehen, rütteln nicht an der Treue seiner Liebe, selbst wenn sie groß sind. Im Sakrament der Versöhnung können wir immer neu beginnen. Er nimmt uns auf, er gibt uns die Würde als Kinder zurück und sagt: »Geh voran! Sei in Frieden! Steh auf, geh voran!« Im verbleibenden Abschnitt der Fastenzeit, der uns noch vom Osterfest trennt, sind wir aufgerufen, den inneren Weg der Umkehr zu intensivieren. Wir wollen uns vom liebevollen Blick unseres Vaters erreichen lassen, ganzen Herzens umkehren und jeden Kompromiss mit der Sünde zurückweisen. Die selige Jungfrau Maria begleite uns bis zur erneuernden Umarmung mit der Göttlichen Barmherzigkeit.

ANGELUS, 6. MÄRZ 2016

Die Barmherzigkeit ist auch über die Grenzen der Kirche hinaus bedeutsam. Sie verbindet uns mit dem Judentum und dem Islam, für die sie eine der wichtigsten Eigenschaften Gottes darstellt. Das Volk Israel hat als erstes diese Offenbarung erhalten, die in der Geschichte als der Beginn eines unermesslichen Reichtums bleibt, den es der ganzen Menschheit anzubieten gilt. Wie wir gesehen haben, sind die Seiten des Alten Testamentes voll von Barmherzigkeit, denn sie erzählen von den Werken des Herrn, die dieser für sein Volk in den schwierigsten Momenten seiner Geschichte vollbracht hat. Der Islam seinerseits zählt zu den Namen für den Schöpfer auch den Namen Allerbarmer und Allbarmherziger. Diese Anrufung ist oft auf den Lippen der gläubigen Muslime, die sich in der täglichen Schwachheit von der Barmherzigkeit begleitet und getragen wissen. Auch sie glauben, dass niemand der göttlichen Barmherzigkeit Grenzen setzen kann, denn ihre Tore stehen immer offen.

BULLE MISERICORDIAE VULTUS

Jesus interessiert, was die Leute denken, nicht weil er sie zufrieden stellen will, sondern um mit ihnen kommunizieren zu können. Wenn der Jünger nicht weiß, was die Leute denken, dann isoliert er sich und beurteilt die Menschen nach seinen eigenen Gedanken und Überzeugungen. Einen gesunden Kontakt zur Realität, zu dem, was die Menschen leben, zu ihren Tränen und ihren Freuden aufrechterhalten, das ist der einzige Weg, ihnen helfen zu können, sie formen zu können und sich zu verständigen. Es ist der einzige Weg, um zu den Herzen der Menschen zu sprechen, indem man ihre tägliche Erfahrung berührt: Arbeit, Familie, gesundheitliche Probleme, Straßenverkehr, Schule, Gesundheitsfürsorge und so weiter... Es ist der einzige Weg, um ihr Herz für das Hören auf Gott zu öffnen.

Tatsächlich ist Gott Mensch geworden, um mit uns zu sprechen. Die Jünger Jesu dürfen niemals vergessen, von woher sie genommen und erwählt worden sind, das heißt aus dem Volk, und sie dürfen nie der Versuchung erliegen, eine distanzierte Haltung anzunehmen, als würde das, was die Menschen denken und leben, sie nichts angehen oder als wäre es für sie nicht wichtig. Und das gilt auch für uns.

PREDIGT, 10. NOVEMBER 2015

Weißt du, was es bedeutet, dass ein Mensch sich selbst nicht sehr mag? Ein Mensch, der Papst werden will, der Lust hat, Papst zu werden, der mag sich selbst nicht. Gott segnet ihn nicht. Nein, ich wollte nicht Papst werden. ...

... Ich bin seit zweieinhalb Monaten Papst. Meine Freunde sind 14 Flugstunden von hier entfernt, sie sind weit weg. Aber ich will dir Eines sagen: Drei von ihnen sind gekommen, um mich zu besuchen und mich zu grüßen, und ich sehe sie, und sie schreiben mir, und ich habe sie sehr lieb. Man kann nicht ohne Freunde leben: Das ist wichtig, es ist wichtig.

GESPRÄCH MIT JESUITENSCHÜLERN, 7. JUNI 2013

Ein
Papst zum
Anfassen

Der Papst sitzt auf dem Stuhl Petri. Klar, er ist ja auch sein Nachfolger, in einer jahrhundertelangen Reihe. Wie aber ist es, auf dem Stuhl des Papstes zu sitzen? Dazu gibt es nicht nur die amüsante Geschichte vom Gardisten und Franziskus, sondern auch die von einem kleinen Jungen, der, nun, ach, lesen Sie selbst: Mittwochsaudienz im Oktober 2013, der Papst ist also erst etwas mehr als ein halbes Jahr im Amt. In dieser Zeit hat er schon viele Sympathien gewonnen, mit seiner direkten, freundlichen Art, die manchmal so gar nicht zu seinem Amt zu passen scheint. Oder die man so nicht gewohnt ist, vielleicht ist es auch eher das. Auf jeden Fall kommt Franziskus gut an, und das, was an diesem Mittwoch passiert, trägt sicherlich auch ein bisschen dazu bei. Der Papst spricht über die Familie zu – Familien, Tausende sind zum Petersplatz gekommen. Franziskus bezieht sich auf das Motto der Pilger: »Familie, lebe die Freude des Glaubens!« Und er sagt Sätze wie diese: »Hört ihr auf die Großeltern? Öffnet ihr euer Herz dem Gedächtnis, das uns die Großeltern schenken? Die Großeltern sind die Weisheit der Familie, sie sind die Weisheit eines Volkes.«

Ein kleiner Junge hört dem Papst ganz offensichtlich nicht zu. Zumindest nicht in dem Sinne, in dem Franziskus gerade das Zuhören angemahnt hat. Als seinen Großvater sieht der Kleine dagegen den Papst durchaus, oder zumindest als etwas Ähnliches. Denn Carlos, in einem gelb-blau-weiß gestreiften Pullover und Turnschuhen und mit raspelkurzem Haar, nähert sich Franziskus, grinst ihn an – und umarmt ihn. Die Menge jubelt und jubelt noch lauter, als der Papst den Kleinen nicht nur gewähren lässt, sondern ihm gar über den Kopf streicht. Später wird man erfahren, dass Carlos ein adoptiertes Waisenkind aus Südamerika ist, doch jetzt interessieren solche Fakten keinen, sondern alle gucken nur völlig fasziniert und mit einem Lächeln auf diese wunderbare Szene. Fast alle. Denn die Mitarbeiter versuchen Carlos wegzulocken, mit leisen Rufen, mit Gesten und irgendwann mit Süßigkeiten. Keine Chance. Der 6-Jährige bleibt unbeeindruckt und bei Franziskus. Der wiederum lässt sich überhaupt nicht stören und setzt seine Ansprache fort. Er stoppt nicht einmal, als sich Carlos kurz von seiner Seite löst, neugierig herumschaut und schließlich seine dünnen Arme ausstreckt und so unbeholfen, wie kleine Kinder sind, auf den Stuhl klettert, auf den Stuhl von Franziskus. Blick nach rechts, Blick nach links und dann wieder ab nach vorne, zum Mann in Weiß. Die Bilder davon gehen um die Welt – vom kleinen Waisenjungen auf dem Stuhl des Papstes.

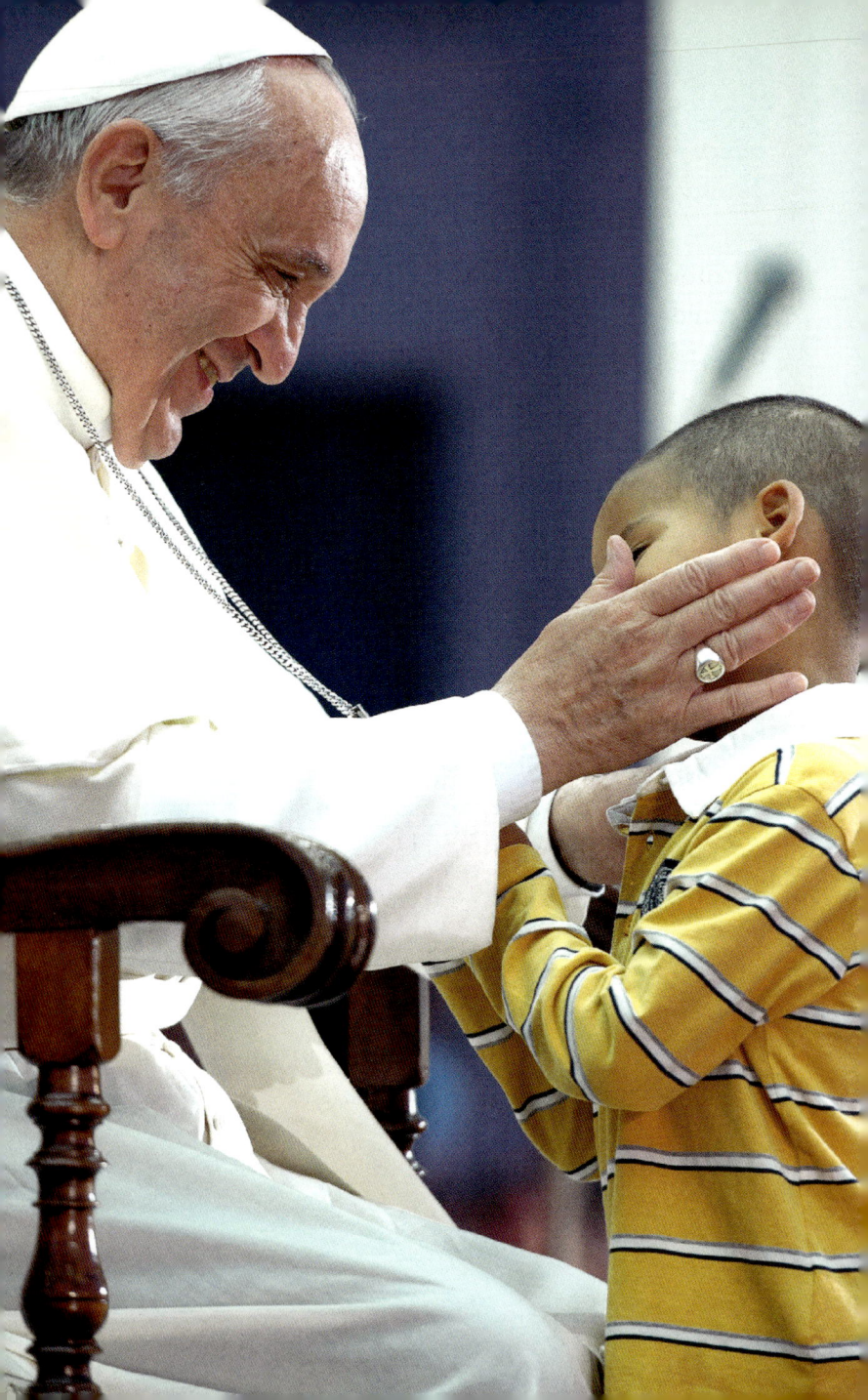

Die Liebe ist – mit anderen Worten – die Identitätskarte des Christen, der einzige »Ausweis«, der gültig ist, um als Jünger Jesu erkannt zu werden. Der einzige gültige Ausweis. Wenn dieser Ausweis abläuft und nicht ständig erneuert wird, sind wir keine Zeugen des Meisters mehr. Also frage ich euch: Wollt ihr die Einladung Jesu annehmen, seine Jünger zu sein? Wollt ihr seine treuen Freunde sein? Der echte Freund von Jesus unterscheidet sich wesentlich durch die konkrete Liebe – nicht durch die Liebe »in den Wolken«, sondern die konkrete Liebe, die in seinem Leben aufleuchtet. Die Liebe ist immer konkret. Wer nicht konkret ist und von der Liebe spricht, macht eine Telenovela, eine Fernsehverfilmung eines Romans. Wollt ihr diese Liebe leben, die er uns schenkt? Wollt ihr oder wollt ihr nicht? Versuchen wir also, uns in seine Schule zu begeben, die eine Schule für das Leben ist, um lieben zu lernen. Das ist eine Arbeit für jeden Tag: lieben zu lernen.

PREDIGT, 24. APRIL 2016

Das erinnert mich daran, dass wir als Jungen auf einem kleinen Platz Drachen steigen ließen. Es gibt einen Moment, in dem der Drachen zu achtern anfängt und dann abstürzt. Um das zu vermeiden, darf man nicht an der Schnur ziehen. »Lasst ihn locker, er ist schon am Trudeln«, riefen uns die zu, die sich damit schon auskannten. Einen Drachen oben zu halten ähnelt der Haltung, die man gegenüber dem Wachstum einer Person einnehmen muss: In einem gewissen Augenblick muss man ein bisschen locker lassen, weil sie sonst »ins Trudeln« kommt. Anders ausgedrückt: Man muss ihr Zeit lassen. Wir müssen zur rechten Zeit die Grenzen aufzeigen. Aber andere Male müssen wir zur Seite schauen können und handeln wie der Vater in dem Gleichnis, der den Sohn ziehen lässt und sein ganzes Vermögen verschleudern lässt, damit er seine eigenen Erfahrungen machen kann.

AUS DEM BUCH MEIN LEBEN, MEIN WEG

Frei ist, wer ja sagen und nein sagen kann. Die Freiheit besteht nicht darin, immer das tun zu können, das mir passt: Es macht einen verschlossen, distanziert, es hindert daran, offene und ehrliche Freunde zu sein; es ist nicht wahr, dass alles in Ordnung ist, wenn es mir gut geht. Die Freiheit ist die Gabe, das Gute wählen zu können: Das ist Freiheit. Frei ist, wer das Gute wählt, wer das sucht, was Gott gefällt, auch wenn es mühsam ist, nicht einfach ist. Aber ich denke, ihr jungen Menschen habt keine Angst vor der Mühe, ihr seid mutig! Nur mit mutigen und starken Entscheidungen verwirklichen sich die größten Träume, jene Träume, für die es sich lohnt, das Leben zu verbringen. Mutige und starke Entscheidungen. Gebt euch nicht mit der Mittelmäßigkeit zufrieden, nicht damit, »sich durchzuschlagen«, indem man es sich bequem sein lässt. Misstraut dem, der euch glauben machen will, dass ihr etwas geltet, wenn ihr euch als stark ausgebt wie die Filmhelden oder die neueste Mode anzieht. Euer Glück hat keinen Preis und wird nicht gehandelt. Es ist keine App, die auf das Handy heruntergeladen wird: Nicht einmal die zuletzt aktualisierte Version wird euch helfen können, frei und groß zu werden in der Liebe. Die Freiheit ist etwas anderes.

PREDIGT, 24. APRIL 2016

Geburtstagsfeier mit dem Papst

Franziskus ist kein Freund aufwändiger Partys. Schon gar nicht, wenn es dabei um ihn selbst geht. Gefreut hat er sich trotzdem, als ihm zu seinem 78. Geburtstag ein ganz besonderes Ständchen gesungen, pardon, getanzt wurde: Gut 3.000 Gratulanten hatten bei einer Mittwochsaudienz Tango getanzt – eine Hommage an die argentinische Heimat und an die Begeisterung des Papstes für den Tango, er war früher selbst begeisterter Tänzer gewesen. »Es scheint, dass heute auch hier der Wind der Pampa weht«, kommentierte Franziskus und lachte dabei – bevor er noch die Kerzen einer Torte ausblasen musste, die ihm einige junge Priester überreicht hatten. Eine Torte in blau-weiß, den Nationalfarben Argentiniens.

Abgesehen von dieser kleinen Einlage verbringt Franziskus seine Geburtstage wie andere Tage auch: Er geht zu den Menschen und wirbt für seine wichtigsten Anliegen, wie Barmherzigkeit, Nächstenliebe und den Einsatz für die Armen, Ausgegrenzten und Kranken. So auch ein Jahr vor dem Tango-Geburtstag, bei seinem ersten Ehrentag als Papst. Damals lud Franziskus zwar Gäste zu einem kleinen Geburtstagsfrühstück ein. Aber keine Prominenten oder Staatsgäste oder hohe Kirchenmänner. Nein,

sondern Mitarbeiter und Vatikanangestellte – und
vier Obdachlose. Die Männer, die damals oft vor
dem Vatikan übernachteten, hatten vorher an einer
der legendären Frühmessen in Santa Marta teilneh-
men dürfen; danach ging es zum Frühstück – einer
der Obdachlosen hatte zur Geburtstagsfeier sogar
seinen Hund mitgebracht.

Ich träume von einer Kirche als Mutter und als Hirtin. Die Diener der Kirche müssen barmherzig sein, sich der Menschen annehmen, sie begleiten – wie der gute Samariter, der seinen Nächsten wäscht, reinigt, aufhebt. Das ist pures Evangelium. Die Diener des Evangeliums müssen in der Lage sein, die Herzen der Menschen zu erwärmen, in der Nacht mit ihnen zu gehen. Sie müssen ein Gespräch führen und in die Nacht hinabsteigen können, in ihr Dunkel, ohne sich zu verlieren. Das Volk Gottes will Hirten und nicht Funktionäre oder Staatskleriker.

INTERVIEW MIT DEN JESUITENZEITSCHRIFTEN, 25. SEPTEMBER 2013

Als Kind ging ich oft mit meiner Großmutter, aber auch mit meiner Mutter zum Einkaufen auf den Markt. Damals gab es keine Supermärkte, es gab kein Fernsehen, es gab nichts… Der Markt war auf der Straße, und es gab Stände mit Gemüse, mit Obst, mit Fleisch, mit Fisch, und man kaufte alles ein.

Eines Tages wurde ich zuhause bei Tisch gefragt: Was möchtest du gerne werden, wenn du groß bist? Wisst ihr, was ich gesagt habe? »Metzger.« Warum? Weil der Metzger auf dem Markt – es gab drei oder vier Fleischstände – das Messer nahm, alles zerteilte… Das ist eine Kunst, und ich sah es gern, schaute gerne zu. Jetzt habe ich meine Meinung natürlich geändert; aber – um deine Frage zu beantworten – als ich klein war, dachte ich daran, Metzger zu werden. Das hätte mir gefallen.

ANSPRACHE, 31. DEZEMBER 2015

Bildrechte:
KNA: 6–7, 14, 20, 22, 28, 56, 60, 64–65, 88–89, 96, 99,
    106, 114, 116
Picture-Alliance: 12–13, 19, 25, 32, 35, 36, 40–41, 42,
    45, 46, 48–49, 50, 54, 58–59, 66, 68, 72, 74, 76, 80–
    81, 83, 84, 90, 95, 100, 104–105, 120–121, 126–127
Getty Images: 26–27, 86, 100, 113
shutterstock.com: 2, 125 (Giulio Napolitano), 123 (MattiaATH)

Gesamtgestaltung: wunderlichundweigand
Umschlagmotiv: © laif

Herstellung: Graspo CZ, Zlín
Printed in the Czech Republic

ISBN 978-3-451-37558-3